# CHEMIN DE FER

## d'Auch à Lannemezan

## d'Arreau à Saint-Lary

### et embranchement de

## Castelnau-Magnoac à Tarbes

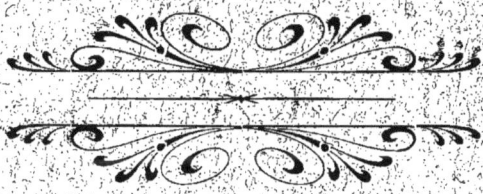

**TARBES**

Imprimerie St-Joseph, 24 bis, rue Eugène Tenot

1909

# CHEMIN DE FER

## d'Auch à Lannemezan

## d'Arreau à Saint-Lary

### et embranchement de

# Castelnau-Magnoac à Tarbes

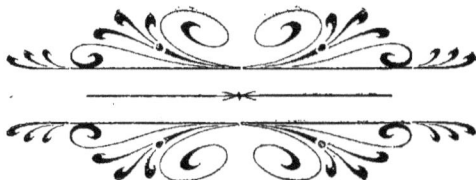

**TARBES**

Imprimerie St Joseph, 24 bis, rue Eugène Ténot

—

1909

Ma
ssol
is com
est lan
An an

E

int

sur l
polip
featu
hian
nah
Fish

pai

# Chemin de fer d'Auch à Lannemezan

## d'Arreau à St-Lary et embranchement
## de Castelnau-Magnoac à Tarbes

—— ·· ——

# Exposé

Maintenant que les passions électorales sénatoriales sont éteintes, il nous sera permis de faire connaître à tous les intéressés, la mauvaise situation qui nous est faite par la loi d'utilité publique du 17 juillet 1908, afin d'y remédier dans la mesure du possible.

**Historique.** — En jetant un coup d'œil en arrière nous avons pu faire les constatations suivantes :

1° Que c'est depuis 1871 que l'on fait des études sur la ligne d'Auch à Lannemezan et que ces études, jusqu'à ce jour, ont coûté un million cinq cent mille francs, c'est-à-dire le prix de la construction de 15 kilomètres de chemin de fer. Il est donc urgent de mettre un frein à ces dépenses et cela en construisant les lignes dans le plus bref délai possible.

2° Qu'en 1899 le projet de concession à la Compagnie du Midi de la ligne d'Auch à Lannemezan par la vallée du Gers était voté par les deux Chambres et que cette ligne était concédée en effet à la Compagnie du Midi par la loi du 8 juillet 1900. Si les choses s'étaient passées comme il était décidé alors, nous aurions aujourd'hui la satisfaction de voyager sur cette ligne sans qu'il en ait rien coûté au département ; tandis que, ainsi qu'on le verra plus loin, si les prévisions se réalisent sans modification, nous aurons à la place, en 1924 et *pas avant*, une ligne plus longue de 3 à 4 kilomètres qui *coûtera 4 millions de plus à l'État*, tout en desservant une population *moindre de dix millions*.

3° Le 6 novembre 1902 une Commission est nommée pour délibérer et savoir si la ligne d'Auch à Lannemezan suivra sur toute la longeur la vallée du Gers, ou si l'on adoptera le tracé soumis aux enquêtes qui passe : à l'ouest de la ville de Castelnau-Magnoac, au nord de Puntous, près de Galan, et au couchant de la ville de Lannemezan. Par des moyens qu'il est inutile de rappeler, on approuva le tracé par Galan avec cette réserve : que le tracé passerait à l'est de la ville de Castelnau-Magnoac, qu'il suivrait la ligne la plus directe et qu'il se rapprocherait le plus possible de la ville de Lannemezan.

Cette modification nécessita l'étude d'une nouvelle ligne qui s'éloigne de la première de 5 à 6 kilomètres et qui coûtera de 3 à 4 millions de plus.

Le Conseil Général du Gers consulté a rejeté le tracé par Galan et persiste à vouloir le tracé direct par la vallée du Gers.

4° Le tracé à voie normale par Galan ayant donné lieu à de nombreuses protestations, les unes plus fondées que les autres, par délibération du 2 novembre 1904, le Conseil Général des Hautes-Pyrénées, d'accord avec la Compagnie du Midi, décide que le chemin de fer d'Auch à Lannemezan par Galan sera construit à voie de 1 mètre et qu'on construira en même temps aux frais de l'Etat une ligne, aussi à voie étroite, allant de Castelnau-Magnoac à Tarbes par Trie, Cabanac et Laslades ; et en conséquence, du 13 février au 13 mars 1905 on procéda aux formalités d'enquête. Les protestations furent très nombreuses et tellement bien motivées que le 30 mars 1906, ledit Conseil Général prenait l'*incompréhensible décision suivante :*

« Le Conseil Général

« Emu des justes réclamations des cantons de Galan,
« Trie, Castelnau-Magnoac et Pouyastruc et voulant aussi
« faire droit aux réclamations des populations de Labar-
« the, d'Aure et des Chambres de commerce des populations
« intéressées, estimant avantageuses les propositions de
« l'Etat pour le département, de construire à ses frais les

« lignes à voie étroite d'Auch à Lannemezan par Galan et
« de Castelnau à Tarbes par Trie, Pouyastruc, Dours et
« Aureilhan, les accepte d'une façon ferme et définitive.
« Décide que le département prendra à sa charge les frais
« résultant de la différence de la transformation de la voie
« étroite en voie large de la ligne d'Auch à Lannemezan
« par Galan, et dans ce but, il donne mission à trois délé-
« gués pour s'en entendre avec les délégués du départe-
« tement du Gers et les charge en conséquence, de main-
« tenir le projet de convention signé entre l'Etat et la Com-
« pagnie du Midi qui prescrit :
« 1° De construire aux frais de l'Etat la ligne à voie
« étroite de Castelnau à Tarbes, par le nord de Puntous,
« Trie, Pouyastruc, Dours et Aureilhan.
« 2° De construire à voie normale la ligne d'Auch à
« Lannemezan, sans en modifier le tracé en laissant à la
« charge de l'Etat les dépenses de construction prévues
« pour la voie étroite et mettre à la charge du département
« la différence entre le coût de la voie étroite et celui de
« la voie large. »

La ligne de Castelnau à Tarbes n'intéresse nulle-
ment le département du Gers et en ce qui concerne
la voie normale d'Auch à Lannemezan on ne peut
pas vraiment s'expliquer comment les Conseillers
généraux des Hautes-Pyrénées ont fait leurs calculs
pour adopter une combinaison désastreuse aux intérêts du département.

En effet, le tracé à voie normale par Galan, doit
d'après les documents de l'enquête, coûter 13 millions.
Le même tracé à voie étroite doit donner lieu à une
dépense de 7 millions ; différence : 6 millions que les
départements devraient payer pour obtenir que l'Etat
se charge de construire la ligne à voie étroite de Castelnau à Tarbes qui ne doit coûter que 4.730.000 fr.

Cette combinaison, par trop prodigue, ne fut pas
acceptée par le département du Gers ; mais malheu-
reusement après divers pourparlers le Conseil Général du Gers accepta le tracé par Galan *à la condition
que la ligne passerait à l'est de Castelnau-Magnoac,
qu'elle suivrait le tracé le plus direct, le plus court, et
qu'elle serait construite avec un développement et des*

*rampes pour trains rapides*, conditions qui n'ont pas, comme on le verra plus loin, été observées. (Voir art. 14 de la Convention).

Voilà comment, par des combinaisons mal comprises, on est arrivé à n'avoir ni la ligne d'Auch à Lannemezan, ni celle de Castelnau à Tarbes, car nous serions en possession de cette dernière si en 1901 on avait voté les centimes que l'on a votés en 1906.

Le 18 juillet 1906, le Conseil Général des Hautes-Pyrénées d'accord avec celui du Gers a émis le vote :

1° Que l'Etat signe avec la Compagnie du Midi une nouvelle convention ayant pour objet à titre d'intérêt général :

*a)* La construction d'une ligne à voie normale électrique d'Auch à Lannemezan par Galan passant à l'Est de Castelnau-Magnoac.

*b)* La construction d'une ligne à voie étroite de Castelnau-Magnoac à Tarbes par Trie et Pouyastruc.

2° Que cette même convention ait pour objet de prolonger d'Arreau à Vielle-Aure et à traction électrique la ligne de Lannemezan à Arreau.

3° Dans le cas où ladite convention ne serait pas signée dans le délai de *six mois*, il est convenu que la convention déjà intervenue entre l'Etat et la Compagnie et ratifiée par la loi du 8 juillet 1900 recevra son plein effet et que la déclaration d'utilité publique interviendra à bref délai.

A la suite de cette mise en demeure, une enquête d'utilité publique est ouverte en juillet 1907 sur les avants-projets des lignes d'Arreau à St-Lary, Vielle-Aure et de Castelnau à Tarbes, ainsi que sur l'avant-projet de l'usine hydro-électrique d'Eget.

Dans l'exposé des motifs qui ont précédé la loi on dit :

1° Que l'avant-projet relatif à l'établissement de l'usine hydro-électrique n'a soulevé aucune observation ; cela se comprend. Il n'y avait aucune protestation à faire par la raison que le dossier d'enquête est muet sur la quantité et la provenance des eaux ; qu'il est dit qu'on utilisera seules les eaux du lac d'Orédon et celles d'un captage qu'on se propose de faire construire au bassin de l'Oule. *Dans ces conditions les usagers inférieurs n'avaient pas à protester puisqu'on ne devait pas utiliser l'eau à laquelle ils ont droit.*

2° Pour la ligne d'Auch à Lannemezan, l'enquête de 1902 a été faite sur un avant projet à voie étroite visant un tracé qui ne sera pas exécuté. Le nouveau tracé à voie normale s'éloignant de 4 à 6 kilomètres du tracé soumis aux enquêtes et devant suivre une autre vallée, il nous semble qu'il aurait été prudent de procéder à une nouvelle enquête.

Tous ces faits acquis, il est intéressant de connaître 1° Le coût des travaux à exécuter en suivant les prescriptions de la loi ; 2° Les sacrifices que les deux départements ont dû s'imposer pour obtenir la construction d'une ligne que la Compagnie du Midi devait seule construire ; 3° Quand et comment les travaux seront exécutés.

## Construction du réseau. -- Imposition des Départements

**Usine d'Eget.** — D'après l'exposé de la loi, l'énergie hydro-électrique de l'usine d'Eget doit activer non seulement le réseau des chemins de fer projetés, mais aussi les chemins de fer en exploitation, d'Arreau à Lannemezan, de Montréjeau à Luchon et à Tarbes et de Tarbes à Bagnères-de-Bigorre ; il est donc nécessaire de connaître cette force et le coût de l'usine pour en faire la répartition.

**Force électrique.** — Si comme le veut la loi on n'utilise que le volume d'eau du captage de l'Oule, la force que l'on obtiendra avec une chute de 750 mètres ne dépassera pas trois mille chevaux

$$\frac{(750 \times 400}{100} = 3.000)$$ force insuffisante pour tous les besoins. Mais si avec les 400 litres de captage on utilise l'eau naturelle de la vallée de l'Oule on obtiendra une force suffisante de sept mille cinq cents chevaux $$\frac{(750 \times 1.000}{100} = 7.500)$$. *Reste à savoir si on aura le droit de déposséder tous les ayants-droit à l'eau inférieurs, sans une nouvelle enquête.*

**Coût de l'usine.** — D'après l'exposé de la loi, machineries comprises, l'usine doit coûter 3.370.000 francs dont 172.000 fr. à la charge de l'Etat pour activer 125 kilom. de voies projetées et 1.650.000 fr. à la charge de la Compagnie du Midi pour activer 136 kilomètres de voies déjà existantes ; mais nous pensons que nous resterons au-dessous de la vérité, en évaluant le coût de l'usine, tout imprévu compris, à 4.700.000 francs. Dans ce cas la part de l'Etat sera de 2.200.000 francs et celle de la Compagnie de 1.900.000 francs soit par kilomètre une dépense pour l'Etat de 17.600 francs (2.200.000 : 125 = 17.600) et pour la Compagnie 13.970 fr. $$\frac{(1.900.000}{136} = 13.970)$$.

**Ligne d'Auch à Lannemezan.** — La construction de cette ligne d'après l'exposé des motifs de la loi ne devait coûter que 8.800.000 francs ; mais il a été reconnu que ce chiffre était erroné et qu'en réalité elle devait coûter avec courbes d'un rayon minima de 200 mètres 13.200.000 francs; construite avec des courbes d'un rayon minima de 300 mètres elle devait coûter 15.000.000, ci . . . . . . . 15 000.000

| | | |
|---|---|---|
| A ce chiffre il faut ajouter | 1° La part du coût de l'usine. . . . . . . . . . . . . . 1.227.766 | |
| | 2° Le coût de la canalisation électrique. . . . . 697.000 | 1.924.776 |

Total pour la ligne d'Auch à Lannemezan   16.924.776

A Reporter. . .   16.924.776

Report...... 16,924,776

**Ligne d'Arreau à St-Lary-Viel-le-Aure.** — L'infrastructure et la super-structure sont évaluées à,............ 1.900,000

En ajoutant la part à l'usine $\dfrac{11 \times 17.600}{1.000} =$ 193,600

et le coût de la Canalisation électri-que............. $\dfrac{11 \times 16.000}{1.000} =$ 160.000

Le coût total de cette ligne est de.:..... 2,253,600 | 2.253.600

**Ligne à voie étroite de Castel-nau-Magnoac à Tarbes** — L'infra-tructure et la superstructure sont éva-luées à,.............................. 4,730,000

En ajoutant 1° la part à l'usine........ $\dfrac{44.470 \times 17.600}{1.000} =$ 777.392

2° Le coût de la canalisation électri-que............. $\dfrac{44.170 \times 10.000}{1.000} =$ 441.700

Le coût total sera de................. 5.949,092 | 5.949,092

Dépense totale pour le réseau d'un développement de 125 kilomètres............................. 25.127.468

A répartir comme suit :

1° A payer par le département du Gers pour acqui-sitions de terrains................................. 850.000

2° A payer par le département des Hautes-Pyrénées :

  1° Pour acquisition de terrain :

    Ligne d'Auch à Lannemezan.... 870.000

    Ligne d'Arreau à St-Lary....... 300.000

    Ligne de Castelnau à Tarbes.... 883 000

  2° Subvention promise.......... 500.000 | 2 553.000

A payer par l'Etat.................... 21.724.468

Total pareil........ 25.127.468

# Projet comparatif

Pendant qu'il est encore temps et avant de nous occuper du programme de construction, nous avons pensé qu'il était intéressant de développer, ci-après, un réseau qui tout en étant plus économique donnerait satisfaction à tous les intéressés.

**Ligne de St Lary à Arreau. —**
Même détail que ci-dessus.... Coût...                                      2.253.600

**Ligne à voie étroite de Lannemezan à Tarbes par Galan, Trie, Cabanac, Pouyastruc et Aureilhan**. — D'un développement de 58 kilomètres, cette ligne donnera lieu aux dépenses ci-après détaillées :

| | | |
|---|---:|---:|
| Infrastructure et superstructure... | 5.278.000 | |
| Part de l'usine... | 1.208.000 | |
| Canalisation électrique........... | 580.000 | |
| Dépense totale...... | 7.066.000 | 7.066.000 |

**Ligne d'Auch à Lannemezan par la vallée du Gers.**

| | | |
|---|---:|---:|
| Infrastructure et superstructure... | 11.000.000 | |
| Part à l'usine.............. | 1.161.600 | |
| Canalisation électrique........... | 660.000 | |
| Dépense totale...... | 12.821.600 | 12.821.600 |

**Embranchement de Castelnau à Trie.**

| | | |
|---|---:|---:|
| Infrastructure et superstructure... | 1.365.000 | |
| Part à l'usine.............. | 264.000 | 1.779.000 |
| Canalisation électrique... ........ | 150.000 | |

| | |
|---|---:|
| Dépense totale pour le réseau de 15° kil. | 23.920.200 |
| Le coût du réseau de 125 kilomètres par Galan étant de................ | 23.127.468 |
| Et celui de 150 kilomètres par la vallée du Gers étant de................ | 23.920.200 |
| Il résulte une différence de..... | 1.207.268 |

Donc en passant par la vallée du Gers on réalise une économie de 1.207.268 fr. et le réseau aura un développement supplémentaire de 25 kilomètres soit en réalité à distance égale une économie de quatre millions.

# Délais et programme d'exécution

**Programme d'exécution.** — Nous admettons comme principe que le capital doit être dépensé de façon à lui faire rapporter un intérêt aussitôt que possible.

Il est admis que les lignes du réseau doivent être activées par l'électricité à l'exclusion de la vapeur. Dans ces conditions la ligne d'Auch à Lannemezan devant être activée par l'électricité venant de l'usine d'Eget ; la section comprise dans le département du Gers sera la dernière construite et sans se préoccuper des influences qui pourront se produire. Pour faire rapporter au capital au fur et à mesure qu'il sera dépensé, un intérêt, il est certain que l'on adoptera le programme suivant :

1· — Construire l'usine dans un délai aussi court que possible en construisant en même temps la ligne de St-Lary à Arreau.

2· — Exploiter à l'électricité, aussitôt après la construction de celle ci-dessus, la ligne totale de St-Lary à Lannemezan.

3· — Construire et exploiter ensuite la section à voie normale comprise entre Lannemezan et Castelnau-Magnoac par Galan.

4· — Construire et exploiter ensuite la section à voie normale comprise entre Castelnau-Magnoac et Auch et en même temps la section à voie étroite comprise entre Castelnau-Magnoac et Tarbes, par Trie, Pouyastruc et Aureilhan.

Si pour donner satisfaction à tous les intéressés on adoptait, en révisant la loi, le réseau comparatif susdétaillé, on pourrait dans l'intérêt des populations des cantons de Galan, Trie, Pouyastruc, Tarbes-Nord, suivre le programme suivant :

1· — Construire et exploiter comme cela est dit ci-dessus la ligne de St-Lary à Lannemezan.

2· Construire et exploiter la ligne à voie étroite de Lannemezan à Tarbes par Galan, Trie, Cabanac, Pouyastruc et Aureilhan ; construire en même temps la section à voie normale de Lannemezan à Castelnau-Magnoac par la vallée du Gers. De cette façon, comme cela est expliqué plus loin, les populations des 4 cantons de Galan, Trie, Pouyastruc, Tarbes-Nord, suraient sans aucun retard pour les populations du département du Gers dôtées d'un moyen de transport *six ans plus tôt*.

3· La section à voie normale de Castelnau-Magnoac à Auch et celle à voie étroite de Castelnau à Trie seraient les dernières construites.

## Délais de construction

Les délais de construction sont naturellement subordonnés au montant des crédits que l'on accordera tous les ans.

Durant la session dernière, le Conseil général des Hautes-Pyrénées a avancé que la ligne d'Auch à Lannemezan serait construite dans un délai qui ne dépasserait pas six ans ; mais comme on le verra plus loin ce délai sera plus que doublé.

Les travaux pour l'exécution du réseau projeté doivent donner lieu à une dépense de 25 millions ; en admettant, ce qui est peu probable, que l'on accorde tous les ans un crédit de 1.800.000 francs, la section entre Castelnau-Magnoac et Auch devant, pour les motifs sus-détaillés, être la dernière construite, et le crédit demandé pour 1909 par M. l'Ingénieur en chef (et non pas d'autres) étant juste suffisant pour payer le personnel et commencer les travaux de captage de l'Oule, il en résultera que ce ne sera qu'en 1924 que la ligne d'Auch à Lannemezan sera terminée. Soit dans 15 ans et non dans 6, à dater de ce jour. Pour obtenir ce résultat il sera nécessaire de suivre et d'exécuter tous les ans le programme suivant :

**Usine électrique.** — Il ne faut pas perdre de vue que le réseau des chemins de fer projetés doit être activé par l'électricité à l'exclusion de la vapeur, et que par suite l'usine électrique doit être la première construite. A ces fins, le captage du réservoir de l'Oule, où l'on ne pourra travailler que 4 mois par an, nécessitera pour sa construction, un délai d'au moins 6 ans; mais en même temps en utilisant l'eau naturelle du bassin de l'Oule ; en construisant les canaux et l'usine et aussi le chemin de fer de St-Lary à Arreau, on peut espérer dans un délai de cinq ans pouvoir exploiter le chemin de fer à voie normale de St-Lary à Lannemezan, ce qui nous amène à 1914.

La construction à voie normale de Lannemezan à Castelnau-Magnoac par Galan, qui doit coûter près de huit millions nécessitera un délai d'au moins 5 ans, ce qui fait que l'exploitation de cette section ne pourra avoir lieu qu'en 1919.

Enfin, les sections à voie normale de Castelnau à Auch et à voie étroite de Hachan à Tarbes, construites en même temps demanderont un nouveau délai de 5 ans. Ce ne sera donc qu'en 1924 que ces deux sections seront livrées à l'exploitation.

*Mais en faisant prévaloir le projet comparatif, on peut doter les populations des cantons de Trie, Pouyastruc et Tarbes d'une voie ferrée 6 ans avant l'époque sus-désignée.*

Il suffira : 1° De construire et d'exploiter de 1910 à 1914, comme cela est dit ci-dessus, la section comprise entre St-Lary à Lannemezan.

2° De construire et d'exploiter ensuite, c'est-à-dire de 1914 à 1918, 1° la section à voie étroite de Lannemezan à Tarbes par Galan, Trie, Pouyastruc ; 2° la section à voie normale de Lannemezan à Castelnau par la vallée du Gers. De cette façon la ligne à voie étroite de Lannemezan à Tarbes pourra être livrée à l'exploitation en 1918 au lieu de 1924 soit six ans plus tôt.

3° De 1918 à 1924, il faudra construire et exploiter les sections de Castelnau à Auch et de Castelnau à Trie.

# Organisation des services

Pour obtenir les résultats sus-visés, avec le même personnel, il serait à désirer que l'on procédat comme il est dit ci-après.

La section comprise entre Castelnau-Magnoac et Auch devant, dans tous les cas, être la dernière construite, l'escouade des employés d'Auch et Masseube, n'ayant rien à faire pendant une période de 8 ans, devrait, provisoirement, être déplacée pour doubler et tripler au besoin celles d'Arreau à St-Lary et de Lannemezan à Tarbes; le tout, de façon à activer les enquêtes parcellaires et des gares, et pouvoir déjà durant l'exercice 1910 mettre à l'adjudication les travaux de la ligne de St-Lary à Arreau.

# Convention entre l'État et la C$^{ie}$ du Midi approuvée le 17 juillet 1908.

*(à reviser)*

Avant de tirer des conclusions de tout ce qui précède on nous permettra d'exposer l'inconvénient désastreux qu'il y aurait à exécuter certains articles de la convention.

Article 14. — L'article 14 dit : «Le rayon des cour-
» bes applicables à toutes les lignes à voie normale
» pourra descendre jusqu'à deux cents mètres ; la
» longueur de la partie droite ménagée entre deux
» courbes consécutives pourra être réduite à 50 mè-
» tres. »

Si contrairement à la réserve faite par le Conseil général du Gers qui dit que le chemin de fer d'Auch à Lannemezan à partir de l'Est de la ville de Castelnau-Magnoac suivra la voie directe la plus courte et sera construit pour *trains rapides*, on exécute les travaux comme le prescrit le premier paragraphe de l'art. 14 de la convention, la belle ligne de Périgueux en Espagne par les Pyrénées Centrales ne pourrait pas précisément être fréquentée comme voie rapide; et si d'un autre côté, comme on l'a dit, M. le Ministre des travaux publics a promis de faire construire les lignes d'Auch à Lannemezan, et d'Arreau à St-Lary avec des courbes à grand rayon pour trains rapides; le paragraphe de la convention sus-décrit n'a plus sa raison d'être et alors pour éviter tout malentendu on doit le supprimer.

Article 18. — L'article 18 prévoit une augmentation de tarif de 25 % à payer par tous les voyageurs qui fréquenteraient la ligne à voie étroite de Hachan à Tarbes.

Voilà d'une façon indirecte le moyen d'empêcher la fréquentation de cette ligne par les voyageurs allant de Toulouse à Tarbes par Rieumes, Lombez, l'Isle-en-Dodon, Boulogne, Castelnau-Magnoac. Pourquoi faut-il que les voyageurs de Castelnau-Magnoac, Trie, Pouyastruc et Tarbes-Nord, pour fréquenter une voie lente, payent 25 % de plus que ceux qui fréquentent la même longueur de trajet sur voies rapides ?

Est-ce parce qu'ils sont moins favorisés que ceux des autres cantons qui possèdent déjà depuis bien longtemps des moyens de transport rapides ?

Il y a dans cette augmentation de tarif une exception onéreuse, injuste, illégale, dont il convient de demander la suppression.

Recettes. — En exploitant les mines et certaines carrières situées en amont de St-Lary, le montant des recettes prévues pourra augmenter de 150 à 200 fr. par jour.

# Conclusions

En exécution de tout ce qui précède, il convient de demander à MM. les sénateurs et députés des départements intéressés et particulièrement à ceux des départements du Gers et des Hautes-Pyrénées la révision de la loi, en ce qui concerne les articles 14 et 18 de la Convention sus-visée, et par suite, pour servir tous les intérêts, que la ligne d'Auch à Lannemezan suive sur toute la longeur la vallée du Gers, il en résultera, sans aggravation pour la C$^{ie}$ et l'Etat, tout en augmentant de 25 kilomètres le réseau projeté, les avantages suivants :

1· — On réalisera une économie d'argent de 1 million et une économie de parcours de 3 kilom. 1/2.

2· — On y desservira y compris Galan une population supplémentaire de 10.000 habitants.

3· — Les populations des cantons de Galan, Trie Pouyastruc et Tarbes-Nord auront le plaisir de voyager sur la ligne de Lannemezan à Tarbes par Trie six ans plus tôt.

4· — La ligne d'Auch à Lannemezan n'aura rien de commun avec la voie étroite de Castelnau-Magnoac à Tarbes par Trie, *point très important*.

5· — En adoptant cette combinaison on réserve l'avenir soit pour le Transpyrénéen Central en prolongeant la ligne d'Arreau à St-Lary jusqu'à Saragosse par la vallée de la Cinka, soit pour le prolongement de la ligne de Tarbes à Castelnau-Magnoac jusqu'à Boulogne, soit enfin pour le prolongement de la ligne de Lannemezan à Trie jusqu'à Miélan ou Mirande.

C'est pour tous ces motifs que nous avons cru devoir protester et que nous protesterons toujours contre le tracé par Galan dont l'exécution sera désastreuse.

Tarbes, le 15 mars 1909.

www.ingramcontent.com/pod-product-compliance
Lightning Source LLC
Chambersburg PA
CBHW050443210326
41520CB00019B/6044